抗战飞鹰

编文　朱劲松
绘画　叶家斌

嶺南美術出版社
中国·广州

图书在版编目（CIP）数据

抗战飞鹰 / 朱劲松编；叶家斌绘. —广州：岭南美术出版社，2016.7
ISBN 978-7-5362-5830-3

Ⅰ.①抗…　Ⅱ.①朱…　②叶…　Ⅲ.①空军—抗日战争—军事史—中国　Ⅳ.①E296.54

中国版本图书馆CIP数据核字(2015)第263853号

封面题字：许钦松
题　　词：王弘力　孙铁生　刘济荣　卢延光　陈永锵
策　　划：朱栩莹
执行主编：朱其定
制作统筹：李惠莲　朱劲红　罗健红　黄晓嫣　利白羽
图书设计：师海涛
出 版 人：李健军
责任编辑：李　颖　高嘉颖
责任技编：谢　芸

抗战飞鹰
KANGZHAN FEIYING

出版、总发行：岭南美术出版社（网址：www.lnysw.net）
（广州市文德北路170号3楼　邮编：510045）
经　　销：全国新华书店
印　　刷：深圳市彩美印刷有限公司
版　　次：2016年7月第1版
2016年7月第1次印刷
开　　本：787mm×1092mm　1/32
印　　张：2.5
印　　数：1—2600册
ISBN 978-7-5362-5830-3

定　　价：16.00元

抗戰飛鷹

許欽松

乙未年

广西航校之抗战飞鹰

广东航校之抗战飞鹰

中央航校之抗战飞鹰

【内容提要】 揭开尘封的记忆，在抗战初年的祖国蓝天上，有那么一群青年才俊，以生命和热血谱写了一曲曲感天动地的壮丽乐章，让国人荡气回肠！1937年及1938年期间，日本空军凭借先进的武器装备，有恃无恐，在中华大地狂轰滥炸。然而，面对飞机数量和质量都占绝对优势的敌寇，年轻的中国空军，包括来自中央航校、广东航校和广西航校的战鹰，毫不畏惧，奋勇抗敌，为国牺牲，可歌可泣！涌现出一批王牌飞行员，战功赫赫。

鉴史求实，本书以1938年年度中国空军状元、抗日空战英雄朱嘉勋击落六架侵华日机的史迹为主线，重点绘画广西空军从创办到加入全国对日作战序列，并在抗日空战中视死如归的壮烈，同时又展现了这一时期中国空军对日作战所取得的几场闻名于世的辉煌胜利。

揭开尘封的记忆，在抗战初年的祖国蓝天上，有这么一群青年才俊，以生命和热血谱写了一曲曲感天动地的壮丽乐章！阎海文殉国前呐喊：『中国无被俘空军！』沈崇海、陈锡纯怀着为国捐躯的信念驾机撞沉日舰！何信、陈怀民先后舍命撞毁日机！邓从凯奋不顾身击毙日军『轰炸之王』！都让国人荡气回肠！我的先辈朱嘉勋在一九三八年的空战中，打落六架侵华日机，个人战绩为中国空军年度之冠，一代天骄让我深深敬佩和怀念。

记得那是我年少时的一个深夜，在广州市中山三路东皋大道皋园10号二楼的家中，神情疲惫、哀愁的爷爷朱征谷，让我这个长孙穿上毛衣外套，扶着他从木板小楼梯爬上了三楼的大天台。爷孙俩带上香烛冒着寒风遥祭星空，那一晚，羊城的夜空似乎真的多了一颗闪亮的星星。身为朱家长子嫡孙的爷爷，幽幽地望着辽阔的长空，思念着他那刚刚远去，只比他年长两岁的五叔朱嘉勋。人生最苦生死别，切切情深念忠魂！这一天是一九八〇年二月十二日。

浙江钱塘江南岸的萧山（今属杭州），历史悠久，人杰地灵，我的祖辈朱氏家族世居于此处。清光绪年间，读书人朱印三，带着妻子倪氏，以及幼小的孩儿朱嘉则（我的曾祖父），离开萧山出外谋生，辗转来到山青水秀的广西桂林，他们被眼前这世外桃源般的美景所陶醉，就在此安居置业，诗书为乐，过着平静的生活。多年后的一九一五年，朱印三的第五个儿子朱嘉勋在桂林呱呱落地，给这个耕读之家带来了许多的欢笑。

朱嘉勋，字仲诚，童年深受儒家思想的熏陶，崇拜古代忠君爱国的李广、岳飞、文天祥等名将。他五岁时开始读私塾，学习『三字经』、『春秋』和『左传』等，刻苦用功，过目成诵，得到老师的喜爱。课余的小嘉勋，却爱看『三国演义』『西游记』等闲书，而且精灵活跃，如变成了另一个人，还特别喜欢到郊外放风筝。淘气贪玩的他常梦想着能飞上蓝天，如雄鹰翱翔。父亲朱印三老来得子，十分宠爱这个乖巧聪明的小儿子。远在广州的大哥朱嘉则也常常牵挂年幼的五弟。

自幼深受中华传统文化影响的朱嘉勋，却对西方现代科技很感兴趣，有自己的人生理想。那时，桂林市通泉巷有一户早期参加同盟会革命的邻居，小嘉勋与这家人的小儿子何信常常一起运动锻炼，一起谈古论今，成为志趣相投的小伙伴。怀有报国大志的朱嘉勋，在『独立中山大学附属中学』毕业后，入读大学，因深感国家内忧外患，有意跟随年长两岁的好友何信一起投笔从戎，以身许国，成为飞将军，他们并不在意社会上将飞行员视为『玻璃公仔』的说法。

一九三四年，立志『航空救国』的桂林仔朱嘉勋，正梦想能前往广东航校学习飞行，这时，传来了桂林同乡李宗仁、白崇禧将军在柳州创建广西航空学校的消息，让他异常兴奋。朱嘉勋的『国家兴亡匹夫有责』信念，终于得到父亲的理解，他毅然放弃大学学业，与何信、莫休、马毓鑫、倪世同等桂林小伙伴，抱着『搏击长空』的心愿，前往柳州报名投考。在三千多名报考的八桂青年中，朱嘉勋等十位桂林才俊脱颖而出，成为广西航校首批学员。

隶属于国民革命军第四集团军的广西航校，起步虽然艰难，但得到各方的大力支持，很快就购进了一批英日法的先进飞机。那时，广西人民节衣缩食，以相当于广西一年国民收入三分之一的巨款，投入到广西航校。日本人也出于政治及军事需要，秘密提供大笔资金和飞机，派出资深飞行教官，按日本空军的飞行技术和作战战术进行教授，暗地里帮助当时反蒋的桂系建设精锐空军。对航校的筹建，白崇禧将军非常重视，派出国民革命军第七军军长廖磊兼任校长。

当年的朱嘉勋，在航校同学中年龄相对较小，生活学习却非常自律，尤其注意有规律的生活作息。身材不高的他，速度、耐力和心理素质都十分出色，获得了省级比赛长跑冠军，被誉为『漓江蛟龙』，强健的体魄为他后来成为优秀飞行员打下了扎实的基础。那时年仅十九岁的朱嘉勋，风采醉人！清晨登山揽胜，课间双杠飞舞，傍晚漓江戏水；夏日横渡漓江，冬日尧山赏雪。朱嘉勋还善于学习交流，与年长两岁的广东航校师兄邓从凯、陆光球结为知己。

成为广西航校第一期学员的朱嘉勋，得到来自英国、日本及广东航校资深飞行教官的悉心教导，尤其在来自广州的飞行教官吴汝鎏言传身教之下，他对飞行更有兴趣了。朱嘉勋十分珍惜每次驾驶飞机升空实操的机会，在飞行训练前，对飞行课目内容及演练操作要领，能够倒背如流；在飞行训练中，严格按飞行教官的高要求进行练习，对空中攻击的接敌、进攻、拖靶射击、脱离等技能，操作水平炉火纯青。

那时，飞行学员都非常刻苦学习飞行技术，却对专业学科的学习不够重视，有重飞行而轻学科的现象。意气风发的朱嘉勋，却冷静地认识到专业基础课的重要性，他利用自己数理基础好的优势，认真钻研学习，在专业基础课的考试中，取得了优秀成绩。朱嘉勋对空气动力学、飞机结构学等专业学科的深刻理解，为他将来在作战时能充分运用战机的优异性能，成为飞机试飞和飞机维修的好手，奠定基础。

时光飞逝，在广西航校的两年学习期很快过去了，毕业考试中，表现优异的朱嘉勋获得考官们的高度评价，与好友何信以及吕天龙、张伯寿、李膺勋等人，成为第一批前往日本明野飞行学校留学的广西航校学员，接受学习条件更优越的飞行训练。留学日本期间，经过非常严格训练的朱嘉勋，身体素质和飞行技术都出类拔萃，在体育竞赛及飞行、跳伞、投弹、射击等各项比赛和考试中技压群雄，曾取得击败所有日本同学的佳绩。

鹏飞未遂凌云志，蛰伏终有抗日心。一九三七年初，深明大义的李宗仁与日方关系急剧恶化，遣返了广西航校的日籍教官。朱嘉勋也从日本归国，回到广西航校任少尉飞行教官。这时的广西航校编成两个飞行教导队，拥有七十多位飞行员，英制及日制各类飞机六十多架。同年七月七日，抗日战争全面爆发，远在广西紧张训练飞行学员的朱嘉勋，被淞沪战场上高志航、阎海文、沈崇诲等中国空军的英勇抗战及献身精神所深深感动，研究日本侵华空军的技战术并积极备战。

一九三七年八月十四日，淞沪会战爆发后的第二天清晨，日军大型轰炸机群偷袭位于杭州笕桥的中央航校，中国空军战斗机部队司令高志航上校，亲自率领国民政府空军第四飞行大队升空迎战。在空战中，分队长郑少愚中尉首先击落一架日机，高志航也接连击落两架日机。短短十多分钟的笕桥空战，中国空军共击落日机六架而己方无一损伤，打破了日本空军不可战胜的神话，轰动世界。高志航被誉为中国空军抗战第一军神。

一九三七年八月十七日，国民政府空军第五飞行大队少尉飞行员阎海文，完成轰炸任务返航时飞机被日军高射炮击中，跳伞降落后被几十名日军包围。随身只有两把手枪的阎海文，在击毙五名日军后，义无反顾地自杀殉国，留下最后一声呐喊：『中国无被俘空军！』后来，在整理阎海文遗物时，发现了一张少女的相片和精心折叠的纸片，才知道年轻英俊的阎海文与江苏南通少女刘月兰正在爱恋之中，准备结婚啊！国难当头，民族危急，阎海文抛弃了一切，包括他心中无比美好的爱情。

中华空战英雄不惧牺牲。一九三七年八月十九日，国民政府空军第二飞行大队第九中队中尉分队长沈崇海、少尉轰炸员陈锡纯驾机多次轰炸日军阵地和长江口日舰。当再次出击时，在上海南汇上空飞机尾部突发故障，虽然迫降或跳伞都有很大的生还希望，但沈崇海决心驾机撞沉敌舰。他命令年轻战友跳伞逃生，倔强的陈锡纯却不愿独自偷生，坚决要求一起赴难，年仅二十六岁和二十二岁的两位壮士，驾驶满载炸弹的重型轰炸机猛烈撞击一艘日军巡洋舰，与敌同归于尽。

抗战的烽火燃亮了华夏长空。一九三七年八月下旬，李宗仁、白崇禧等桂系爱国将领及广西人民顾全大局，将用血汗钱创建的广西雄鹰，无条件交由国民政府统一指挥，加入全国对日作战序列。广西空军第一飞行教导队改编为国民政府空军第三飞行大队第七和第八两个中队，奔赴抗日前线；第二飞行教导队改编为国民政府空军第三飞行大队第三十二中队和第三十四中队两个中队，驻防广西地区。培训了三期飞行学员的广西航校，历时三年零五个月至此结束，被并入中央航空学校。

抗战初年，创建不久的中国空军名义上有九个飞行大队，战机仅有二百九十六架，数量不及日军的九分之一。日本空军凭借先进的装备，有恃无恐，在中华大地上狂轰滥炸。然而，面对飞机数量和质量都占绝对优势的敌寇，年轻的中国空军，包括来自广东航校和广西航校的战鹰，毫不畏惧，奋勇抗敌，涌现出一批王牌飞行员，在一九三七年九月至次年七月，先后击毙日本空军『四大天王』，在中国上空谱写了一首首气吞山河、悲壮激昂的赞歌。

在入侵中华领空的短短一年时间内，不可一世的日本空军『四大天王』三轮宽少佐、山下七郎大尉、潮田良平大尉和南乡茂章大尉，在浙江、江西一带的上空分别被中国空军陈其光、高志航、徐葆畇和罗英德打了下来。『四大天王』先后被英勇的中国战鹰击落，沉重地打击了日本空军的嚣张气焰。更让日寇空贼闻风丧胆、退避三舍的，是被誉为中国空军『四大金刚』的王牌飞行员刘粹刚、乐以琴、李桂丹和梁添成，他们在几个月内共击落日机三十三架。

淞沪会战爆发后，国民政府空军第五飞行大队第二十四中队上尉中队长刘粹刚，在两个月内共击落日机十一架，重伤日舰一艘，被誉为『空中赵子龙』。第四飞行大队第二十二中队上尉副中队长乐以琴，在七天内一人击落日机八架，被誉为『江南大地之钢盔』。第四飞行大队少校大队长李桂丹，身先士卒击落日机八架。第四飞行大队第二十三中队中尉分队长梁添成，参加过山东、汉口、重庆等地的对日空战，击落日机六架，是『四大金刚』中最后一位牺牲的勇士。

中央航校的嫡系战鹰，国民政府空军第四和第五飞行大队在抗日空战中取得的赫赫战绩，特别是中国空军『四大金刚』的战报，激励着求战心切的朱嘉勋以及刚由广西航校改编而成的国民政府空军第三飞行大队。一九三七年年底，朱嘉勋任国民政府空军第三飞行大队第七中队副中队长，驾驶新接收的俄制伊-15战机，与印尼归侨吕天龙中队长一起驻防湖北孝感；朱嘉勋的多年好友陆光球和何信，率第八中队驻防河南信阳；第三十四轰炸机中队由邓堤率领留守柳州。

广西子弟张柏寿、韦一青分别任国民政府空军第三飞行大队第三十二中队正、副中队长，接收第七、第八中队北上抗日留下的十九架日制旧飞机，驻防广西南宁。一九三八年一月八日上午，张柏寿接到前后两批共有二十六架日机航向南宁的紧急情报，马上组织不堪作战的飞机起飞疏散或隐蔽。剩下五架可供升空作战的日制战机，由副中队长韦一青率领马毓鑫、韦鼎烈、蒋盛祜等人迅速起飞并向西北方向爬高，占据空中有利位置。五架战鹰列队迎击气势汹汹地扑来的大批日机。

在全城拉响警报的南宁上空，韦一青率领这几个被称为『不要命的空蛮子』的广西空军，利用高度优势突然俯冲攻击。数量占优势的敌机在空中乱作一团，被马毓鑫、韦鼎烈各击落了一架，日机被打得仓皇逃遁。蒋盛祜驾机追击时不幸中弹着火，跳伞时遭敌机野蛮扫射，他是第一位抗战牺牲的广西空军。后来，日机残骸被运到南宁体育场公开展览，市民纷纷前来参观。南宁空战，不仅是广西空军以寡敌众的抗日首战，也是中国空军在抗战中使用日制战机击落日军飞机仅有的战例。

一九三八年三月中旬，三十多万中日军队在苏鲁交界的台儿庄进行惨烈大战。日军攻势凶猛，形势严峻。第五战区司令长官李宗仁将军，果断动用手上的王牌，急令国民政府空军第三飞行大队参战。三月二十五日，第三大队副大队长林佐率第八中队陆光球、何信等人驾驶九架俄制伊－16战机，奉命飞到归德（今河南商丘）上空支援台儿庄决战。当中国战机飞到日军阵地上空时，骄横的日本地面部队还以为是自己人，吹着口哨轻佻地向广西空军战鹰招手。

国民政府空军第八中队的九架俄制伊－16战机，每机装备八个小炸弹，见到日本地面部队欢笑招手，立即俯冲低空轰炸。毫无防备的日军顿时被炸得血肉横飞，还以为是自己人的战机轰炸错了地方。当看清楚飞机上的青天白日标志时才明白过来，中国战机的第二波轰炸又来了。日军像是被捅了的马蜂窝一样，四处乱窜，狼狈至极。前线阵地的中国地面部队，终于见到自家空军兄弟的威武，欢呼雀跃，扬眉吐气，激动得流下热泪，士气大振。

完成轰炸任务的第八中队，返航时遭遇十八架日机的围攻，分队长莫休首先驾机冲进日机群，缠住日军长机不放。当莫休打得日军长机屁股冒烟时，突然发现下方有三架日机正围攻副中队长何信的战机，莫休立即俯冲将一架日机击落，脱身后的何信以风险较大的『吊靶』式战术从日机后下方实施攻击，成功将另一架日机击落，扭转了被动的局面。激战中，刚赶到增援的第四飞行大队飞行员陈怀文等人，奋勇击退多架日机，掩护林佐副大队长驾驶受伤战鹰撤离战区。

空战时间已过长的第八中队在何信指挥下有序撤离。莫休以迅雷不及掩耳之势接连击伤三架敌机，随后他的战机不幸中弹起火，跳伞时被日机射杀。被敌机发现是长机而遭到围攻、身中三弹的何信，看到汽油弹药即将告罄，以天不怕、地不怕的勇气，驾机直撞日机，在巨大的爆炸声中实现『搏击长空，刺刀见红』的誓言。这时，第七中队的八架伊－15战机，在副中队长朱嘉勋与分队长李膺勋率领下火速赶到战区，如猛虎下山般扑向日本空军王牌『驱逐之王』加藤大队。

目睹何信、莫休两位同乡大哥为国捐躯，悲痛异常的朱嘉勋燃烧着复仇的烈焰，使出快与灵的绝活，迫使日机在近距离进行面对面的生死对决。朱嘉勋与日机的搏斗扣人心弦，接连击落日军战斗机和重型轰炸机各一架。李膺勋不顾多架日机的拼死拦截，舍命击落了曾任日本明野飞行学校教官的加藤健夫大尉驾驶的战机。『日后若在中国战场相遇，必以性命相搏。』李膺勋用生命实践了与教官告别时的悲壮誓言！

持续多天的归德大空战，双方先后出动五十多架战机，战区遍及虞城县与归德市数十里范围的上空，地面上数十万军民目睹了那惊心动魄的场面。只见满天战机翻滚追逐，炮声轰鸣，天地为之震撼。国民政府空军第三和第四飞行大队轮番轰炸日军阵地，以损失八架战机的代价，击落日机十一架，极大地鼓舞了前线将士的士气。随后，何信、莫休、李膺勋等广西空军烈士的灵柩被运回桂林安葬，朱嘉勋也赶回桂林哀悼挚友英魂，李宗仁为墓碑题字『为国牺牲』，万人公祭三天三夜。

一九三八年春，日军侵占南海三灶岛并扩建机场，企图使用陆上飞机，对华南地区疯狂轰炸。四月十一日，国民政府空军第三飞行大队队长吴汝鎏，率朱嘉勋、马毓鑫远途袭击三灶岛。骁勇善战的朱嘉勋，在三灶岛空战中衔尾追击一架日军重型轰炸机，终将其击落在大海里。大队长吴汝鎏在空战中负伤，凭着坚强的意志和精湛的飞行技术，战机成功返航迫降。不久，朱嘉勋因屡建功勋升任第三大队第三十二中队中队长，配备新式的英制『斗士』战机。

朱嘉勋注重第三十二中队的日常训练，每天清晨都指导飞行员练习飞行、攻击、脱离等技术，熟练掌握『斗士』战机的性能；晚上还进行无灯落地技术的训练。他也非常重视战机的维护和修理，常常亲手协助机械官一起解决维修难题，对于新修妥的战机，多亲自试飞，确保实战时不出纰漏，让全中队的飞机保持了八成以上的出击率。这段时间，传来了中国空军汉口大捷和远程奔袭日本本土成功的喜报，让朱嘉勋及第三十二中队的兄弟们都非常振奋！

一九三八年四月二十九日，日军出动四十八架战机空袭汉口。国民政府空军第四飞行大队少尉飞行员陈怀民驾驶俄制伊－15战机，直插日机群中，在击落一架敌机后，他的座机不幸中弹起火。本可跳伞求生的陈怀民，却沉着地扭转机身猛烈地撞向一架日军的九六式战机，日军飞行员高桥宪一当场机毁人亡。撞机后的陈怀民敏捷地翻身出舱，却因降落伞被烈火燃烧，光荣殉国。被陈怀民舍身成仁的壮举所鼓舞，中国空军在汉口取得了抗战以来最辉煌的空战胜利。

陈怀民的妹妹陈难虽仇恨满腔，但当看到高桥宪一遗物中他妻子美惠子那充满哀怨恐惧的相片及家信时，不禁流下同情的眼泪。这位十八岁少女，连夜给美惠子写了一封长信：『这不是私仇，我失胞兄你失丈夫，都深受战争之害，但中国为抵抗暴力而战，即使粉身碎骨，也决不屈服；我盼望终有一天，厌恶战争的我们，能友好握手。』当时报社想请文学家郁达夫修改润色后再公开发表，郁达夫平静地说：『少女心灵之作，不必修改。』很多年后，美惠子终于看到这封信，泣不成声。

为了打击日本的士气和民心，一九三八年五月十九日夜，国民政府空军第二飞行大队第十四中队上尉中队长徐焕升、第十九中队中尉副中队长佟彦博，在缺乏远程通信和导航设施，没有长途飞行经验的情况下，把个人生死置之度外，各驾驶一架马丁B-10型美制重型轰炸机，在四川凤凰山机场起飞，于次日清晨飞抵日本长崎上空，尔后飞遍日本九州全岛。两架轰炸机低空飞行，沿途投下二十万份传单后，安全返航降落在南昌机场。这次作战行动在日本国内及世界引起强烈反响。

那时的朱嘉勋及他的战友们，为祖国的存亡尽忠，为民族的尊严尽节，常怀着随时为国捐躯的悲壮之情。早餐时飞行员坐满一桌，晚餐时只剩半桌人是平常事。一九三八年七月十六日上午，日机突袭汉口，早有防范的朱嘉勋，命令副中队长韦一青、分队长马毓鑫以及倪世同、何觉民、莫梗等飞行员，驾驶性能出众的英制『斗士』战机迅速升空迎敌，朱嘉勋和韦鼎烈随后驾机接应。空战中倪世同、何觉民各击落日机一架，倪世同在战机被击中后跳伞获救，莫梗阵亡殉国。

一九三八年八月三日，日本战斗机、轰炸机共七十多架分批持续袭击汉口，国民政府空军第三和第四飞行大队先后派出五十一架战机升空拦截。胆识超人的朱嘉勋，接受大队长吴汝鎏委派，率十一架『斗士』战机穿云破雾飞到六千米高处。为解救被围攻的友机，朱嘉勋利用高空优势俯冲攻击，一架日军九六式战机被击爆机翼油箱而坠毁于袁家铺镇，僚机何觉民也同时击落日机一架。这天的汉口大空战，中国空军战鹰损失了六架，击落日机七架。

为保护粤汉铁路的运输安全，一九三八年八月二十九日，第三飞行大队大队长吴汝鎏率领刚刚接收的新一批英制『斗士』战机，飞抵韶关南雄，落霞夕照中的南雄机场响起了中国空军之歌：『壮志凌霄，好男儿报国今朝；翱翔铁翼山河动，扫荡云烟日月摇；担负起天下兴亡，万里长空永保。』次日清晨，日机从『加贺号』航母起飞前来偷袭，伤愈不久的大队长吴汝鎏，虽驾驶『斗士』战机的时间不长，但性格刚烈的他坚持要亲自驾机上阵迎敌。

细心的朱嘉勋特意安排马毓鑫、杨永章两位分队长为吴汝鎏大队长的僚机，有保护之意。九架『斗士』战机起飞后迅速爬升，在南雄上空拦截了二十多架日机。朱嘉勋在如同挥舞大刀拼杀的空中格斗中，打落两架日军九六式战机；马毓鑫、杨永章各击落一架；韦鼎烈个人击落一架，与唐信光合作击落一架。敌众我寡的长时间血战，让双方战机都几乎耗尽油料。在这场空战中，中国空军共击落日机七架，另有多架日机返回航母途中因油料耗尽而坠毁在太平洋上。

大队长吴汝鎏在空战中与敌机相撞而壮烈殉国；分队长马毓鑫在河堤迫降失败，双腿折断而不治殉国；韦鼎烈、唐信光等人跳伞获救。沉着勇敢的中队长朱嘉勋，为掩护受伤的『斗士』战机撤离战区，保护跳伞战友的安全，终因战机油料耗尽而强行迫降在韶关东北部的浈江沙滩上，虽然挽救了战机，但朱嘉勋被抛离机舱，头部负重伤。英勇作战的朱嘉勋，那年只有二十三岁，被誉为『抗日英雄』，他在桂林医院疗伤期间，自发前来慰问探望的民众络绎不绝。

据国民政府空军总部统计，空军少校朱嘉勋战功赫赫，在一九三八年共击落日机六架，个人战绩为中国空军年度之冠，授六星勋章，获多架纯金小飞机模型的奖励，被誉为『王牌飞行员』。然而，好友吴汝鎏殉国，让重伤后的朱嘉勋更觉悲伤。吴汝鎏的英雄事迹，广州及香港的报纸连续报道，吴汝鎏的妻子在报上登出挽文：『杀敌自高空，固知人死留名，君独成仁侬自苦。』情悲之极，凄楚感人，令人扼腕。广州各界为吴汝鎏举行大型公祭，将其安葬在广州空军坟场，立碑纪念。

几个月后，伤情反复的朱嘉勋被送往成都疗伤，毕业于广东航校的多年挚友邓从凯，时常利用休息时间来探望他，回忆两广空军的那些难忘事。不久，却传来邓从凯在空战中舍命打落日军『轰炸之王』后英勇殉国的噩耗。在广州市高中毕业的邓从凯，先后在广东航校、中央航校学习飞行，抗战爆发后任第五飞行大队中尉副中队长。一九三九年十一月四日，邓从凯在四川仁寿与简阳交界处上空驾机，不顾其他日机的疯狂拦截，拼死击毙了日军第十三航空队司令官奥田大佐。

一九三九年十二月二十七日清晨，昆仑关战役进入最激烈的阶段，第三飞行大队副大队长陈瑞钿、中队长韦一青等人，驾驶广西空军的最后三架『斗士』战机，在掩护苏联飞行志愿队轰炸昆仑关日军阵地后，遭多架日机围攻，陈瑞钿的战机中弹燃烧，身上着火的他虽然跳伞成功，但全身大面积烧伤。韦一青奋勇击落一架敌机后，不幸被击中，坠毁于昆仑关敌我阵地之间，我地面部队全力出击，不惜牺牲，夺回韦一青的遗体。英风得天地，壮气作山河！

美国归侨陈瑞钿在柳州疗伤期间，他的妻子、印尼归侨伍月梅携两个幼儿从广州赶来照料，不料日机大举轰炸柳州，情势危急，美丽善良的伍月梅急忙趴在丈夫身上作掩护，不幸被弹片击中腰部而牺牲。悠悠天地，沉淀不尽浓浓的爱！陈瑞钿的悲伤痛苦，难以言喻！五年后才伤愈的陈瑞钿，重上蓝天，飞行在驼峰航线上。广西空军最后一任大队长陈瑞钿，抗战中击落七架日机，自己也经历过三次飞机坠毁后生还，成为抗战胜利后中国空军能够幸存的少数王牌飞行员之一。

抗战爆发后的头两年，广西空军转战南北与日寇激战蓝天，半数飞行员英勇殉国，最后三架战机在昆仑关激战中坠毁后，广西子弟再无力以独立建制参加抗战了。后来，何觉民和杨永章在抗战后期相继殉职；朱嘉勋与韦鼎烈、倪世同、唐信光、吕天龙、陆光球等生死与共的战友，终看到抗日胜利的那一天；吕天龙和陆光球还成为了新中国的空军骨干。很多年之后，身处美国的陈瑞钿、台湾的韦鼎烈及广州的陆光球，分别写下珍贵的回忆文字和广西空军史料。

因抗击日寇而伤残的朱嘉勋，后来的生活际遇非常坎坷，早在民国时期，他珍藏的那些历史意义远大于经济价值的黄金小飞机，却全部被所谓的朋友巧取豪夺，让他心里留下了永远的痛。解放后，人民政府安排伤病的他，住进广州起义路内街一间多户人家共同居住的大杂院。虽然当年人们的生活都很拮据，但亲情血浓于水，在父亲和大哥相继过世后，朱嘉勋得到妹妹朱嘉碧以及侄儿朱征谷等亲人资助，维持简朴生活。

病痛缠身的朱嘉勋，却喜欢体育运动，坚持长跑锻炼，饮食简单，衣服破旧却整洁，生活非常有规律。他早上『闻鸡即起』，跑步到珠江边练太极，回家前常长跑几圈；午睡之后以诗书为乐，苦练书法；夜深时忆起吴汝鎏、何信等殉国挚友却觉孤苦。那时的社会环境和氛围，人们对他旧军官的过去，多少都有些避忌。逢年过节，孤独的朱嘉勋到我爷爷朱征谷家与亲人吃饭团聚，是难得的开心时刻。

因伤病未能重返蓝天的朱嘉勋，在书法中依稀还能寻找当年的豪迈：『但使桂城飞将在，不教倭寇度尧山！』想起为国捐躯的战友们，让朱嘉勋变得坦然。对他有知遇之恩的吴汝鎏大队长，抗日空战总是一马当先；资历比他深的老大哥马毓鑫，虽是白崇禧将军夫人马佩璋的堂弟，却从没利用关系谋取留学或升官的机会，甘于在他的飞行中队任分队长，为国牺牲；他的童年挚友何信，抗日空战前给母亲写绝笔信：『儿精忠报国的时候到了，请母亲不要过分悲伤。』

除前往广州空军坟场及桂林拜祭抗日殉国的战友外，淡泊名利的朱嘉勋就一直没有与外界联系了。我父亲朱其定在20世纪七十年代初从新疆调回广州北郊工作后，作为家族里的长子嫡孙，经常探望和帮助这位终生未婚的孤独长辈。走近晚年的朱嘉勋，伤病缠身却激情依然，常抒内心的爱国情怀，还说『人要勤，身要练，生活要充实』，却绝不再说起驾驶战机抗日的那段历史。一九八〇年二月十日，朱嘉勋突发脑溢血昏迷，送广东省人民医院抢救两天后不幸去世，一代天骄重归蓝天。

『风萧萧兮易水寒，壮士一去兮不复返！』四十二年之后，朱嘉勋终于追随蒋盛祜、何信、莫休、李膺勋、吴汝鎏、马毓鑫和韦一青等广西航校的兄弟而去，寻觅那块『为国牺牲』的墓碑。八年抗战，中国空军面对强敌从未畏缩，以身报国可歌可泣！阵亡四千三百多人，无一投降，空战击落日机五百六十八架，血染长空。鉴史求实，那些远去的抗战飞鹰，国家民族的栋梁，壮志凌云，留下了许许多多不朽的英雄故事，让我震撼！让我去忠实记录。青山不老，英魂永存！

抗战飞鹰—— 空战王牌

朱嘉勋（1915—1980年），祖籍浙江萧山，广西桂林人，广西航校第一期毕业，留学日本明野飞行学校，回国后任广西航校教官、国民政府空军第三飞行大队第七中队副中队长和第三十二中队少校中队长。1938年在台儿庄、三灶岛、汉口、南雄等对日空战中，击落日机6架，个人战绩为中国空军年度之冠。朱嘉勋在1938年8月30日的南雄空战中身受重伤，之后未能再次驾机翱翔蓝天，1949年以后定居广州。

蒋盛祜（1913—1938年），广西桂林兴安县人，广西航校第二期毕业，国民政府空军第三飞行大队第三十二中队少尉飞行员。1938年1月8日，先后有26架日机袭击南宁，广西空军5架战机勇敢列队迎战，居然击落击伤多架日机并将来犯之敌全部赶跑。激战中，“广西空蛮子”蒋盛祜，以寡敌众击退多架日机，驾机追击时不幸中弹着火，跳伞降落时遭敌机野蛮扫射，送医院途中伤重牺牲。他是第一位抗战殉国的广西空军飞行员，蒋介石、李宗仁等送挽联悼念。

何信（1913—1938年），广西桂林人，广西航校第一期毕业，留学日本明野飞行学校，回国后任广西航校教官、国民政府空军第三飞行大队第八中队上尉副中队长，在对日空战中击落日机2架。在归德大空战中，何信驾机重创日军，极大鼓舞了前线部队的士气，为台儿庄大捷立下汗马功劳。空战中身负重伤的何信，看到汽油弹药即将告罄，以非凡的勇气驾机直撞日机，实现“搏击长空”的誓言，壮烈殉国。

李膺勋（1913—1938年），广西陆川县人，广西航校第一期毕业，留学日本明野飞行学校，回国后参加抗战，任国民政府空军第三飞行大队第七中队中尉分队长。在归德大空战中，李膺勋不顾多架日机的围攻，舍命击落曾任日本明野飞行学校教官的加藤健夫大尉，“日后若在中国战场相遇，必以性命相搏！”他用生命实践了与教官告别时的悲壮誓言，壮烈殉国。

马毓鑫（1909—1938年），广西桂林人，广西航校第一期毕业，国民政府空军第三飞行大队第三十二中队中尉分队长。马毓鑫参加了南宁、三灶岛、汉口、南雄等抗日空战，共击落日机3架。在南雄空战中，他与敌机长时间缠斗血战，致使多架日机油料耗尽坠海而未能返回航母。马毓鑫因战机油料耗尽而强行迫降在河堤上，不幸重伤，经多天抢救无效，光荣殉国。

韦一青（1910—1939年），广西容县人，在广东航校第四期学习飞行和广西航校第一期毕业，国民政府空军第三飞行大队第三十二中队上尉副中队长。韦一青在两年多的抗日空战中，先后击落日机4架，被敌人称为“不要命的广西空蛮子”。1939年年底，韦一青在昆仑关空战中壮烈殉国，是广西空军成建制参加对日空战而英勇牺牲的最后一位飞行员。

韦鼎烈（1914—1991年），广西融安县人，广西航校第一期毕业，国民政府空军第三飞行大队第三十二中队中尉分队长。韦鼎烈在抗战期间驾机执行了数十次作战任务，击落日机3架。1949年，韦鼎烈随队前往台湾，他以上校军衔退役后，撰写了多篇广西空军抗日空战回忆录，留下珍贵史料。

吴汝鎏（1907—1938年），广东新会人，广东航校第三期毕业，先后任广东航校及广西航校教官、国民政府空军第三飞行大队中校大队长，击落日机2架。吴汝鎏参加了台儿庄、三灶岛、汉口、南雄等多次抗日空战，指挥出色，勇猛顽强，两度负伤都能重上蓝天。吴汝鎏在1938年8月30日的南雄空战中，以寡敌众，英勇殉国。

邓从凯（1913—1939年），祖籍广东梅县，广东广州人，广东航校第六期毕业，国民政府空军第五飞行大队第二十九中队中尉副中队长。他在广州市及粤北、湘、鄂、陕、川等地对日空战中，击落日机共4架。1939年年底，邓从凯在成都附近驾机拼死击落日军“轰炸之王”、第十三航空队司令官奥田大佐驾驶的战机，这是抗战期间被中国空军击毙的日海军航空队军职最高者，南粤雄鹰邓从凯也在此战中英勇殉国。

陈瑞钿（1912—1997年），祖籍广东台山，美国华侨，先后在美国及德国学习飞行。抗战时任国民政府空军第三飞行大队中校大队长，共击落日机7架。胆识过人的陈瑞钿，在空战中经历过3次飞机坠毁，都幸运地活了下来，是一员有勇有谋的福将。1939年12月27日，陈瑞钿在昆仑关空战中身受重伤，五年后才伤愈，重上蓝天，飞行在驼峰航线上。

陆光球（1913—2004年），广西田东县人，广东航校第六期毕业，留学日本明野飞行学校，回国后任国民政府空军第三飞行大队第八中队上尉中队长。陆光球多次参加对日空战，击落日机2架。1949年，他投奔革命阵营，成为人民空军的骨干，为培养新中国第一批空军飞行员做出贡献，并在抗美援朝期间驾机保卫我国东北的领空。陆光球离休后撰写了多篇抗日空战回忆录，1987年回到广州安度晚年。

阎海文（1916—1937年），辽宁北镇人，中央航校第六期毕业，国民政府空军第五飞行大队第二十五中队少尉飞行员。在淞沪抗战时期，阎海文驾机参与攻击日军在上海的军械库、码头、军舰等重要目标，给敌以沉重打击。返航途中飞机被日军高射炮击中，被迫跳伞的阎海文因风向转变而飘落日军阵地，随即被几十名日本士兵包围，随身只有两把手枪的阎海文，在击毙五名日军、击伤数人后，留下一声流芳百世的呐喊：中国无被俘空军！自杀殉国。

沈崇诲（1911—1937年），湖北武昌人，中央航校第三期毕业。他原是清华大学的高材生，后投笔从戎，任国民政府空军第二飞行大队第九中队中尉分队长。在淞沪抗战时期，沈崇诲与国民政府空军第二飞行大队第九中队少尉轰炸员陈锡纯一起赴难，驾驶满载炸弹的战机猛烈撞击一艘日军巡洋舰，与之同归于尽，壮烈殉国。这是人类空战史上第一次出现飞行员驾机撞击敌舰。

刘粹刚（1913—1937年），安徽宿县人，中央航校第二期毕业，国民政府空军第五飞行大队第二十四中队上尉中队长。淞沪抗战爆发后，他奉命参战，在1937年8月16日空战首次击落1架日军侦察机之后，在短短两个月内共击落日机11架，重伤日舰1艘，有“空中赵子龙”之誉，被称为中国空军的“四大金刚”之一。同年十月，刘粹刚在山西太原执行紧急飞行任务时因飞机失事而悲壮殉国。

高志航（1907—1937年），吉林通化人，中国空军战斗机部队司令兼第四飞行大队上校大队长，被誉为中国空军“抗战第一军神”。他早年赴法国及意大利学习飞行，技术达世界顶尖水平；任中央航校教官期间，培养出刘粹刚、乐以琴、郑少愚、李桂丹、罗英德等抗日空战王牌飞行员。他在对日空战共击落日机5架。后在周家口机场遭到大批日机袭击，他冒死强行升空作战时英勇殉国。蒋介石、毛泽东等国共领导人均题词哀悼。

空战王牌

乐以琴（1914—1937年），四川芦山县人，中央航校第三期毕业，国民政府空军第四飞行大队第二十二中队上尉副中队长。乐以琴酷爱体育，在报考航校前曾作为四川田径运动员出席全国运动会。淞沪会战爆发后，他在七天之内，一个人就击落日机8架，被誉为“江南大地之钢盔”，被称为中国空军的“四大金刚”之一。南京保卫战中，乐以琴不畏牺牲，单机冲进敌机群拼杀，壮烈殉国。

李桂丹（1914—1938年），辽宁新民人，中央航校第二期毕业，国民政府第四飞行大队中校代大队长，在多场抗日空战中共击落日机8架。淞沪战争爆发初期，李桂丹参加对日作战，战功卓著，击落日机5架，被称为中国空军的“四大金刚”之一。武汉保卫战中，李桂丹一马当先，又击落敌机3架，他也在激战中英勇殉国。

陈怀民（1916—1938年），江苏镇江人，中央航校第五期毕业，国民政府空军第四飞行大队少尉飞行员，在多场抗日空战中共击落日机3架。汉口大空战中，陈怀民遭到敌人多架战机围攻，座机中弹起火，本可跳伞求生，他却扭转机身猛烈地撞向日军战机，与之同归于尽，壮烈殉国。冯玉祥、周恩来等国共领导人题词悼念。

梁添成（1913—1939年），祖籍福建南安，印尼华侨，中央航校第六期毕业，国民政府空军第四飞行大队第二十三中队中尉分队长，在多场抗日空战中共击落日机6架。梁添成参加过河南商丘，山东峰县、枣庄，及汉口、重庆等对日空战，被称为中国空军的“四大金刚”之一。在重庆大空战中，梁添成以寡敌众，奋勇击落1架日机之后，被多架敌机包围击中，壮烈殉国。

郑少愚（1912—1942年），四川渠县人，中央航校第二期毕业，国民政府空军第四飞行大队中校大队长，在多场抗日空战中共击落日机7架。抗战爆发后，身为中共地下党员的郑少愚，先后参加了上海、广州、南京、武汉、重庆等空战百余次，每战必先，屡建功勋，多次受到蒋介石接见。1941年代表中方任“中美空军联合指挥部”副总指挥，与总指挥陈纳德的飞虎队并肩作战。周恩来等中共领导人，一直非常关心郑少愚的安全。不料天妒英才，杀敌心切的郑少愚，在驼峰航线上不幸因飞机失事殉国。

徐焕升(1906—1984年)，上海崇明人，黄埔军校第四期、中央航校第一期毕业。抗战时任国民政府空军第二飞行大队第十四中队上尉中队长，后为台湾空军上将总司令。1938年5月19日夜，徐焕升和第十九中队副中队长佟彦博，分别驾驶1架美制轰炸机辗转飞行，飞抵日本长崎上空，尔后几乎飞遍日本九州全岛，沿途投下20万份传单并安全返航。这次作战行动在世界上和日本国内引起强烈反响。

罗英德(1912—1988年)，广东番禺人，中央航校第二期毕业。抗战时任国民政府空军第四飞行大队中校大队长，后来官拜空军上将，在抗战中，共击落日机6架。罗英德在广州培正中学毕业后，入读南京金陵大学物理系，后投笔从戎，曾在国民政府空军的三个飞行大队先后出任大队长。抗战初年，他在南昌上空击落日本空军“四大天王”中的南乡茂章大尉。八年抗战，飞行技术高超的罗英德，参战空域遍及整个中国大陆及东南亚。

许钦松

著名国画家，出生于1952年，广东澄海人，国家一级美术师，国务院特殊津贴专家。现为全国政协委员，中国美术家协会副主席，广东省文学艺术界联合会主席，广东省美术家协会主席，广东画院院长，当代中国画坛的代表人物之一。

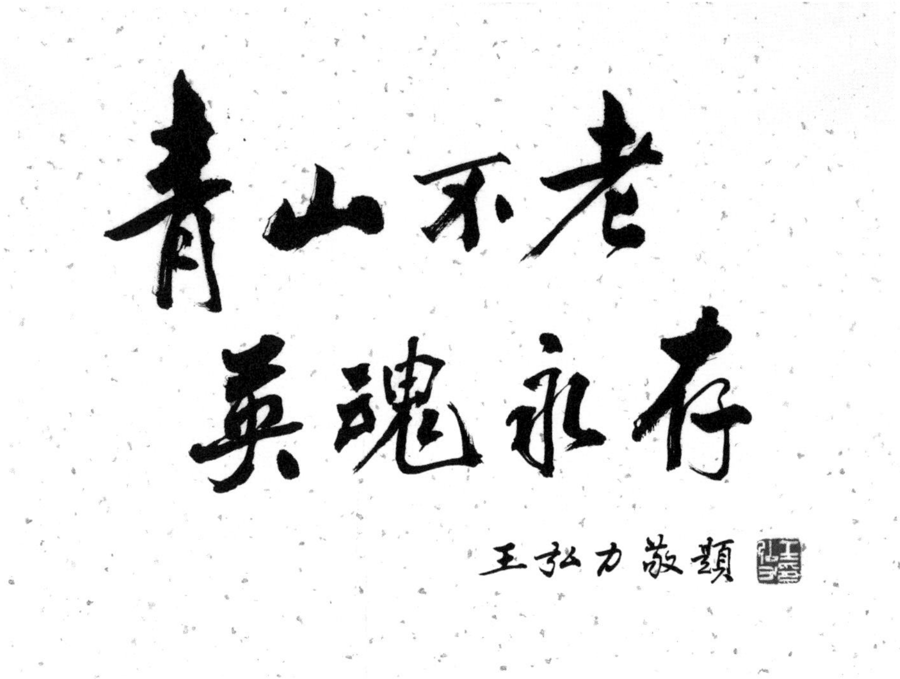

王弘力

著名国画家和连环画家，出生于1927年，山东蓬莱人。中国美术家协会会员，沈阳市文史馆馆员，辽宁美术出版社编审，东北地区连环画的旗帜性代表人物。

孙铁生

著名国画家，出生于1930年，山东蓬莱人，国家一级美术师。历任中国美术家协会理事，江苏省美术馆创作组组长，江苏美术家协会驻会副秘书长，江苏国画和连环画的代表人物之一，他的国画作品在中国大陆和台湾地区都有较大的影响力。

刘济荣

著名国画家，出生于1931年，广东兴宁人。美术教育家，广州美术学院教授，中国美术家协会会员，当代岭南画坛代表人物之一。

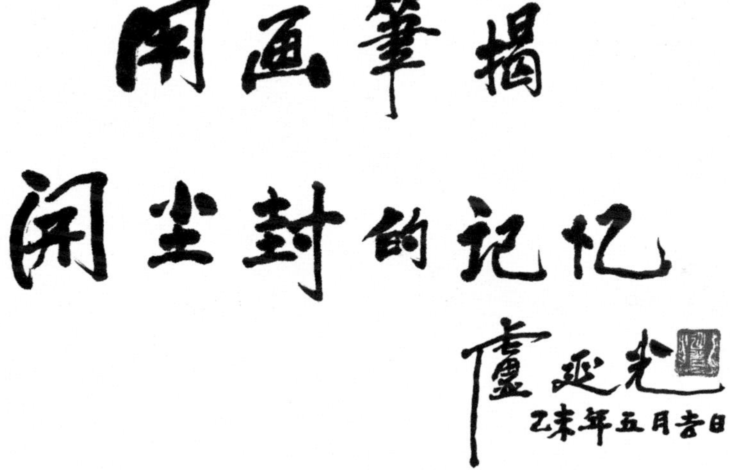

卢延光

著名国画家，出生于1948年，广东开平人，国家一级美术师，国务院特殊津贴专家。历任广州美术馆馆长，广州艺术博物院院长，广州市文史研究馆副馆长，广东省美术家协会副主席，广州市美术家协会主席,当代岭南国画和连环画的代表人物之一。

陈永锵

著名国画家，出生于1948年，广东南海人，国家一级美术师，国务院特殊津贴专家。历任广州画院院长，岭南画派纪念馆馆长，中国美术家协会理事，广东省美术家协会副主席，当代岭南国画的代表人物之一。

叶家斌

著名国画家，出生于1949年，广东中山人。历任广东美术家协会理事，广东连环画艺术委员会主任，岭南美术出版社副社长，《周末画报》主编等，当代岭南人物国画和连环画的代表人物之一。

创作《抗战飞鹰》随感

叶家斌

国危族难吼声声
血洒碧空献忠诚
日机群里奋撕杀
战功卓著赞飞鹰

舍生取义斗顽敌
不惜捐躯护国鼎
余生坎坷艰难过
不如隐姓与埋名

英名自应留汗青
历史还待后人评
是非功过民心里
风雨归来见光明

英烈壮举天地惊
精绘寄我满腔情
更应勿忘国破耻
枕戈待旦卫和平

英雄傲苍穹　　罗健红　朱栩莹　画

后　记

古往今来，蓝天一直是人们向往的地方，又有何人不希望自己能如飞鸟一般在此间翱翔呢？

然而自那一年开始，神州大地之上的蔚蓝天空却被染上了焦黑的硝烟。自此，无数心怀大志的年轻人义无反顾地踏上了归途未卜的旅程。天空，是他们的战场，是他们的信念，亦是他们的归宿。

几年前，听闻美国亲戚在中文刊物中多次看见关于朱嘉勋在抗日空战中打落六架敌机的介绍，得讯，借此为契机，走访各地亲友又查阅种种资料，搜集到了不少关于朱嘉勋及其战友们的史料，脚本修修改改，历时两年多，正是为了严谨求实。

身为一名华夏儿女，从前总是觉得，这些战争中的故事离我们很遥远，在我印象中，有关抗战飞行员的记录，在众多教科书中也仅是出现在薄薄三两页中，仿佛寥寥几笔便书尽铅华。当真正参与到《抗战飞鹰》的策划与资料收集中，我才深切认识到，英烈们，其实离我们很近很近，甚至是亲人中的一员。同时，他们每一个人，也都有着平凡人所有的爱恨情仇，悲欢离合。当然，能让我们谨记于心的，更是他们与众不同的英勇无畏与无私奉献。

他们每一人，都在国家危难之际选择了燃烧自己，照亮未卜的前程。

这其中一只飞鹰便是朱嘉勋，我的亲人朱嘉勋。朱嘉勋能成为一名飞行员参与到抗战之中，与家人和朋友的支持不无关系。身在一个书香门第，却放弃了大学学业而选择学习飞行，“国家兴亡匹夫有责”，倘若缺少了同样心怀天下的父母的支持，朱嘉勋大概只会成为一名文人。

而在此之后的努力学习更是为朱嘉勋在抗战中的英勇无畏打下了扎实的根基。他不仅学习飞行技术，还不忘钻研数理化等学科，让飞机性能在作战中得到更充分的利用。我想这一点实在值得我们学习，无论是和平年代还是战争年代，理论知识的学习都是必不可少的，若没有扎实基础，日后也只会像风筝一般，稍不留神便摇摇欲坠。今天的我也将要进入大学读书了，与祖辈朱嘉勋当年进入广西航校时的年纪相仿，但望日后我也能像他一般刻苦努力。

让我最为之动容的是飞鹰们与日本教官所做的抉择。古人曾说“一日为师，终身为父”，老师一直仿佛是至亲般的存在。在日本留学期间，教官们传授飞行知识，更与学生们建立了深厚的友谊，他们之前的情感，甚至是我们所不能想象的。然而在国家危难当前，他们却果断地完成了与教官“日后若在中国战场相遇，必以性命相搏”的悲壮誓言。这不得不让人联想到在他们之前半个世纪的黄海海战中，同样是教官与学员的生死对决，同样作出了以国家为重的抉择。

再者是他们视死如归的必死信念，仿佛是继承先人们“船在人在，船亡人亡”的精神一般，抗战中的飞鹰们哪一次不是抱着与战机共亡的信念出发呢？即使要以一敌多，同归于尽，也不愿意落入敌手，苟且偷生。这一只又一只无畏的飞鹰，在七十多年前的那片灰白的天空中用生命与尊严书写下了悲烈的壮歌。

爷爷与晚年的朱嘉勋往来密切，对他的生平有较多了解并为他保存了二十多年的骨灰。后来，父亲又四处搜寻核实资料，我才得以掌握到那一段段几不为人知的历史，《抗战飞鹰》也借此得以完成。

在此亦感谢擅长人物画及空战题材作品的叶家斌老师的作画，在这一笔一墨的倾洒间，飞行员们的英勇与光辉得以重现，没有了叶老师的激情创作便无法完成《抗战飞鹰》这一最终版本。同时也感谢许钦松老师在百忙中为这本连环画题写书名及王弘力、孙铁生、刘济荣、卢延光、陈永锵五

位老师为本书作书法贺词。这几位今天的画坛大师，在四十多年前都曾创作连环画，并一直关注和支持这些传统艺术。

忆曩昔，拨开历史的尘封，风云淡去，也许我们无法再为先辈英烈们做些什么，但我们可以以另一种方式纪念他们，传承他们的灵魂要义。写下抗战的故事不是为了仇视曾经的敌人，而应是缅怀先人，继承品质，珍视当前的生活。

2015年是抗战胜利70周年，时值朱嘉勋诞辰100周年，是以纪念。

朱栩莹

2015年7月7日